AF563835

PANÉGYRIQUE

DE

SAINT FRANÇOIS DE SALES

PRONONCÉ LE 23 AVRIL 1865

DANS L'ÉGLISE DE SAINT-MAURICE D'ANNECY

A L'OCCASION

DES FÊTES DE L'ANNIVERSAIRE BI-CENTENAIRE

DE LA CANONISATION DE CE SAINT

PAR MGR MERMILLOD

ÉVÊQUE D'HÉBRON, AUXILIAIRE DE GENÈVE

Sténographié par L. Revon, avec une Introduction par A. Despine

ANNECY

CHARLES BURDET, LIBRAIRE-ÉDITEUR

1865

PANÉGYRIQUE

DE

SAINT FRANÇOIS DE SALES

Imprimerie de Ch. Burdet, à Annecy.

PANÉGYRIQUE

DE

SAINT FRANÇOIS DE SALES

PRONONCÉ LE 23 AVRIL 1865

DANS L'ÉGLISE DE SAINT-MAURICE D'ANNECY

A L'OCCASION

DES FÊTES DE L'ANNIVERSAIRE BI-CENTENAIRE

DE LA CANONISATION DE CE SAINT

PAR MGR MERMILLOD

ÉVÊQUE D'HÉBRON, AUXILIAIRE DE GENÈVE

Sténographié par L. Revon, avec une Introduction par A. Despine.

ANNECY

CHARLES BURDET, LIBRAIRE-ÉDITEUR

1865

INTRODUCTION

Lorsque l'esprit et le cœur ont traversé de vives émotions, ils éprouvent le besoin de se recueillir. Mais quelle différence entre le recueillement qui succède aux plaisirs du monde et celui qui s'empare de l'âme après les grandes solennités religieuses ! Dans ce dernier cas, les souvenirs n'ont pas de lassitude : le calme développe une force nouvelle dans les sentiments éveillés par la magnificence des paroles et des fêtes que chaque jour a déroulées. L'âme, remplie d'une nouvelle énergie, plane sur les faits accomplis, puis elle les groupe avec amour ; et, çà et là, elle se repose avec une affection plus grande : elle jouit presque de la béatitude que des esprits chagrins disent bannie de ce monde.

Heureux celui qui put prendre part aux splendeurs offertes à tous ! Heureux celui qui put recueillir, avant qu'elles eussent touché la terre, ces paroles, tantôt puissantes, tantôt douces et pleines de mansuétude, qui, durant neuf jours, ont été déversées sur la *bonne ville* d'Annecy ! En présence des fêtes catholiques, arrière l'égoïsme ! Que ceux qui furent favorisés lèguent à d'autres moins heureux, bien que plus dignes peut-être, une tradition durable de ces magnificences.

Plus de quatre-vingt mille pèlerins sont accourus à l'annonce de la *bonne nouvelle ;* plus de quarante mille ont entendu les voix éloquentes et persuasives, appelées par la religion et un pieux respect autour du tombeau de saint François de Sales. Nos temples ne virent jamais un aussi grand nombre de saints Pontifes ; jamais une foule empressée et recueillie ne se pressa plus compacte dans nos églises. Chacun s'est montré jaloux de rendre hommage au Saint, à l'homme de douceur, à l'homme d'abnégation, à celui que deux siècles et demi ne se lassent pas d'appeler *Tout à tous*.

Nous désirerions pouvoir reproduire tous les discours gravés au fond de nos cœurs ; — d'autres plumes, nous l'espérons, rempliront ce devoir : — mais les forces de l'homme sont limitées, et c'est avec regret que nous sommes obligé de renfermer notre travail dans des limites bien étroites.

Une légitime impatience réclame une publication : bien qu'incomplète, celle que nous offrons aujourd'hui rappellera, du moins, une grande et belle journée, une journée glorieuse pour notre Savoie !

Ce sont presque les enfants de notre sol que nous avons entendus. Que l'on nous excuse d'un choix qui, pour nous, n'est pas une préférence, mais qui revêt le caractère d'un devoir consacré par la gratitude.

Notre désir serait de faire large place à cette digne et sereine figure, « dont les yeux semblent ne « s'être fermés aux splendeurs de ce monde que

« pour pouvoir pénétrer plus avant dans les splen-
« deurs du ciel ; » à cette figure dont les traits inspirés disent à eux seuls tout ce que la foi catholique sait apporter de résignation et de charité. Amie du soldat, amie de la simplicité des populations des campagnes, sa plume s'est reposée un instant : le cœur du prélat est venu, seul, répandre sur nos ouvriers comme sur ces processions touchantes, rendues chaque jour plus nombreuses, la prière et les sages conseils d'une expérience mûrie dans un sol moins riche que celui de la Savoie. Le saint aveugle sera béni de Dieu, lui qui récompense au centuple les bénédictions des classes ouvrières.

Nous voudrions rappeler encore les paroles si pleines d'onction qui, prononcées par le pontife, aujourd'hui successeur d'un autre pontife ami de François de Sales, ont laissé après elles ce parfum de bonté, de cordialité, de délicatesse du cœur, qui fut l'un des caractères de la vie de notre grand Saint.

Nous eussions été heureux de graver ici les allocutions paternelles et affectueuses du prélat qui inaugure son règne par ces magnifiques solennités : lui qui, infatigable comme l'illustre Evêque de Genève, trouve dans ses visites pastorales le délassement d'immenses travaux.

Au-dessus de ce concert de piété et de dévouement, nous placerions la voix pleine d'autorité des princes de l'Eglise que revêt la pourpre romaine, ils représentèrent dans nos murs les deux tiers de la France catholique. Notre front s'incline avec un respect religieux devant leurs œuvres, devant leurs cheveux blanchis par les fatigues et devant leur dévouement, que l'âge ou l'éloignement n'ont pu affaiblir.

Celui qui, sans relâche, donna aux plus vastes de nos temples ses forces de tous les jours, et qui, renouvelant presque les miracles rappelés par les livres saints, a multiplié le pain de la parole divine et l'a transformé en précieuses ressources pour *nos pauvres ;* celui que nous appellerions le *Messager de la charité* nous pardonnera si nous ne pouvons lui offrir un double tribut de remerciement.

Mais, nous le répétons, nos forces étaient limitées : à peine avons-nous pu recueillir deux ou trois épis de cette gerbe féconde que la main de Dieu a répandue sur la Savoie ; et, quand ces *maîtres de la moisson* allaient, infatigables, plusieurs fois chaque jour, creuser le sillon ouvert à la semence divine, nous avons faibli à la vue de tant de richesses... Là est notre excuse pour un travail incomplet. D'autres plumes, nous en avons la confiance, viendront terminer l'œuvre et satisfaire au vœu de tous.

Quant à nous, il y a bonheur à pouvoir offrir les premiers un tribut de reconnaissance : la Savoie garde le culte des souvenirs !

ALP. DESPINE.

PANÉGYRIQUE

DE

SAINT FRANÇOIS DE SALES

PRONONCÉ LE 23 AVRIL 1865

DANS L'ÉGLISE DE SAINT-MAURICE D'ANNECY

A L'OCCASION DES FÊTES

DE L'ANNIVERSAIRE BI-CENTENAIRE DE LA CANONISATION DE CE SAINT

PAR

Mgr Mermillod, évêque d'Hébron, auxiliaire de Genève

> Quos præscivit et prædestinavit conformes fieri imaginis Filii sui... Quos autem prædestinavit hos, et vocavit... Quos vocavit, illos et glorificavit.
> Les hommes qu'Il a prédestinés à devenir conformes à son divin Fils sont ceux qu'Il a appelés. Ceux qu'Il a appelés sont ceux qu'Il a glorifiés. (*Ep. de S. Paul aux Romains.*)

Eminence, Messeigneurs,

Il y a un nom qui domine tous les noms, comme il y a un souvenir qui plane sur tous les autres souvenirs, une mémoire devant laquelle se taisent toutes les mémoires, une puissance devant laquelle s'arrêtent les autres puissances. Ce nom qui, depuis dix-neuf siècles, est un cantique, un hymne que chante l'humanité, c'est le nom de Notre Seigneur Jésus-Christ. Jésus-Christ est la pierre angulaire du monde ; sur lui repose toute vie de l'intelligence, du cœur, de la famille, de la société. Lorsque la société décline, dans ses moments de défaillance, Dieu entr'ouvre le ciel, il dit à son Fils de jeter un regard sur la terre ; et le Fils étend ses bras, et il en laisse tomber une goutte de sang qui fait germer et fleurir les saints. Les saints sont la vivante image de Notre Seigneur. Si, depuis dix-neuf siècles, l'humanité catholique s'en va comme une procession solennelle, c'est qu'elle porte avec elle une pléiade de saints qui représentent la physionomie de Jésus-Christ.

Cette physionomie, il en est peu qui la représentent d'une manière aussi complète que le saint que nous célébrons aujourd'hui. Le saint dont vous portez tous le nom dans vos cœurs, le saint dont le souvenir plane sur votre cité, qui a prié et prêché dans cette enceinte, ce saint est la plus douce image de Notre Seigneur. Il y a quelques jours (*), j'ai essayé de vous peindre son âme, j'ai voulu m'approcher de ce buisson ardent qu'on appelle

(*) Sermon prononcé à l'église de la Visitation, le 19 avril.

le cœur de saint François de Sales, et il me semble que je n'ai pas épuisé mon sujet. D'ailleurs, si un grand écrivain a dit que « l'amour a des expressions qu'il redit toujours et ne répète jamais, » un fils peut parler de son père toujours sans se répéter jamais.

Je veux vous peindre saint François de Sales dans une triple manifestation ; je veux exprimer sa puissance intime, son action publique et son action sur l'avenir. Je l'ai déjà dit dans la chaire de l'église de la Visitation, j'aimerais voir ma place occupée par le Pontife qui d'une main dirige son diocèse et de l'autre seconde le chef de l'Etat (*), par le pontife dont la parole reflète le dévouement de saint François de Sales, servant l'Eglise et l'Etat ; ou bien par cet autre pontife qui garde les reliques vénérées de saint François ; ou par ceux qui appartiennent à mon pays. Quand Joseph fut exalté dans sa puissance, il fut bien permis à Benjamin de chanter sa gloire. On me permettra de célébrer saint François dans cette enceinte où il a tant prêché, où il disait en **1620** : « Il y a ici quatre églises que j'aime

(*) S. Em. le cardinal Mathieu, archevêque de Besançon, qui assistait à ces fêtes.

par excellence : l'église de Thorens, où j'ai été baptisé ; celle de la Cathédrale, qui est mon épouse ; celle de la Visitation, où je veux être enterré, et celle de Saint-Maurice, où j'ai été confirmé. »

O mon Saint ! vous qui êtes le protecteur de cette cité ; vous, le modèle des pontifes ; vous, l'une des grandes illustrations de l'Eglise, faites que j'apporte ici un reflet de votre lumière et un écho de votre cœur. Bénissez ma parole pour qu'elle ait quelque chose de votre accent. Quand je parle de vous, c'est comme si je parlais de Celui que vous avez tant aimé, de Notre Seigneur Jésus-Christ. *Ave Maria.*

La puissance intime de Notre Seigneur s'est révélée sous trois rapports : avec sa mère, avec sa doctrine, et dans sa lutte au désert contre la tentation. Saint François de Sales a révélé également sa puissance intime de trois manières : dans ses rapports avec sa mère, dans sa science, et dans ses luttes contre les tentations intérieures.

Dieu a ses vocations spéciales. Quand le monde était déchiré par l'hérésie, il a suscité de grandes âmes pour défendre l'intégrité de la doctrine, et parmi cette pléiade de docteurs et d'apôtres, saint François a sa place privilégiée. Je ne viendrai pas ici démêler sa généalogie, elle est toute faite : les Saints viennent de l'Eglise, qui est de Jésus-Christ, qui est de Dieu.

Saint François naquit non loin de votre cité, dans le vieux manoir de Thorens. Avant de naître, porté dans le sanctuaire maternel, il fut offert et consacré à Dieu devant le Saint-Suaire, exposé alors dans l'église de Notre-Dame d'Annecy. C'est pourquoi il aimait souvent, plus tard, à évoquer le souvenir de saint Jean-Baptiste, consacré comme lui à Dieu dans le sein maternel.

Il grandit sous la puissance de sa mère. C'est une grande grâce que le don d'une mère chrétienne. Les femmes font passer leurs sentiments dans notre cœur ; ce sont elles qui nous forment ; il y a dans ce cœur maternel, qui s'incline sur le nôtre, une force à laquelle l'âme ne résiste guère. La mère de saint François faisait de ses genoux le premier prie-Dieu de son fils : elle le berçait sur son cœur ; elle ouvrait cette jeune âme à la tendresse pour les pauvres. Dans une famille, vous savez comme on épie les premières paroles que bégaye un enfant ; il se fait un grand silence ; on recueille avec avidité ses premiers accents. Eh bien ! voici la première parole qui tomba de la bouche du jeune François de Sales : « Dieu et ma mère m'aiment bien, comme je suis content ! » Dieu et ta mère ! Avec eux tu n'auras pas de luttes, pas de larmes sans être consolé et vainqueur. Un illustre écrivain de votre pays, de Maistre, l'a dit : « L'homme sera toute sa vie ce qu'il fut sur les genoux de sa mère. » Saint François, lui aussi, rappellera dans tout le cours de son existence la tendresse et la piété maternelles. Descendant, tout petit, dans la cour du château de Thorens, il aimait déjà à verser son petit trésor dans la main du pauvre ; il avait une tendresse pour toutes les douleurs, une compassion pour toutes les souffrances.

Plus tard, lorsque sa mère dut lui faire affronter les fatigues et les dangers de la vie publique, obéissant à une inspiration sublime, elle le conduisit sous un vieux chêne, près du manoir, et là, lui montrant la contrée environnante, elle lui dit : « Mon fils, regardez : voici le château de vos pères, mais ce n'est pas là votre première noblesse : c'est l'église paroissiale qui sera votre gloire. Evitez les gens oisifs, leur parole tue l'âme. »

Abandonnant le toit paternel, saint François fait

ses premiers pas au collége de La Roche, qui a fourni un zélé serviteur à l'Eglise de Genève dans le vénéré M. Vuarin, et des pontifes à ce diocèse d'Annecy. Il vint ensuite dans votre cité. Conduisant ses amis sur les rives de votre lac, il leur montrait les prairies et les montagnes, et leur disait : « Bénissons Dieu, qui a fait de si belles choses et de si beaux horizons. » Affligé des progrès de l'hérésie dans notre Suisse et dans votre Savoie, il répétait avec amertume à ses camarades : « Pourquoi ne se trouve-t-il pas de David pour couper la tête à ce Goliath ? » Il préludait ainsi à ses miraculeuses prédications dans le Chablais.

Le jeune lauréat des colléges de La Roche et d'Annecy s'en va à Paris, où il exerce son apostolat; de là à Padoue, où les docteurs de l'Université sont émerveillés de sa science si précoce : au milieu des applaudissements de ses condisciples, un maître annonce qu'il sera une des lumières de l'Eglise.

Mais j'ai hâte d'arriver à cette vie du désert, à cette lutte intérieure contre le mal. Il savait s'assouplir, se combattre, grandir dans la science de Dieu et dans la science humaine; il savait porter avec lui les joies naïves qui en faisaient le plus aimable des jeunes gens de l'Université de Padoue.

Avant d'entrer dans la vie publique, il eut à lutter contre les tentations. Cet enfant qui ne connaissait, comme saint Basile et saint Grégoire, que deux chemins, celui de l'école et celui de l'église, cet enfant eut une tentation horrible : il se croyait damné, il se croyait voué aux éternels supplices. Sa santé dépérissait ; son corps était épuisé ; ses yeux se creusaient ; pâle, défait, chaque soir il disait à Dieu : « Mon Dieu ! si je ne puis pas vous aimer dans vos tabernacles éternels, faites au moins que je vous aime en ce monde. » Lorsque, devant une statue que l'on conserve précieusement à Notre-Dame des Grès, il retrouva la paix, il eut une seconde tentation. A seize ans, lorsque le sang bouillonne, lorsque les sens s'excitent, lorsque l'imagination s'éveille, il eut une tentation, mais il en sortit vainqueur. La troisième tentation fut celle des inquiétudes de son avenir. Tout s'ouvrait devant lui : une fortune brillante, une famille illustre, une place honorable et enviée, tout lui souriait; mais il a vu les terres du Chablais dévastées par l'hérésie : il veut être le David de ce superbe Goliath. Il veut être prêtre ; Dieu lui parle et l'appelle. Il vient supplier son père de le laisser entrer dans le sanctuaire. Le père, vieux gentilhomme chrétien, cœur magnanime de Savoyard et de militaire, n'a pas peur du sanctuaire; mais il craint de lui donner l'aîné de sa famille, il voudrait seulement lui consacrer le cadet ; les larmes de la mère arrachent un consentement à son cœur déchiré.

Lorsque saint François a vu tomber les vêtements qu'il portait dans le monde, quand ses cheveux sont tombés sous les ciseaux du pontife et qu'il a reçu la couronne sacerdotale, lorsqu'il a pris Jésus pour héritage, il en est si ravi, que les assistants émerveillés s'écrient : « On dirait un fils de saint François d'Assise, tant il est recueilli. » Il est consacré dans cette cathédrale d'Annecy, qui est un reliquaire comme toutes les parties de votre cité, où l'on ne peut faire un pas sans retrouver son souvenir. Quelle consolation pour nous d'avoir ces églises pleines de son nom, cette ville qu'il a souvent parcourue, ce reliquaire incomparable où toutes les rues rappellent saint François de Sales !

Lorsque son vieux père mourut, voulant faire une confession générale, le militaire appela son fils, il ouvrit son âme à ce pontife de Dieu qui lui donna l'absolution. Quelle belle scène de foi, un père se confessant à son fils! Lorsqu'au moment de monter en chaire dans l'église où nous sommes réunis, François apprend la mort de l'auteur de ses jours, il n'en dit rien; il impose silence à son cœur brisé par la douleur, et prêche comme prêchent les Saints, la sérénité sur le visage et le cœur meurtri. Plus tard, il rend le même service à sa mère mourante qui, après avoir reçu sa bénédiction sacerdotale, appuie ses lèvres presque glacées sur son front, et lui dit : « Je puis déposer un baiser sur votre front, mon pontife et mon fils! »

Et vous, noblesse de nos jours, bourgeoisie de nos villes, qui avez tant peur de donner vos enfants à l'Eglise, qui laissez trop souvent aux fils de vos fermiers l'honneur de vous bénir, regardez dans le temps passé ce qu'il y a dans l'âme d'un Saint pour aimer sa famille, la servir et s'y dévouer !

Nous venons de voir la puissance de sa vie intime, nous allons voir apparaître saint François dans sa vie publique. Comme Notre Seigneur a pu dire : « Je suis la voie, la vérité et la vie, *Ego sum via, veritas et vita* (Saint Jean, XIV, **6**), saint François de Sales offre aussi ce triple caractère : il est la vérité pour les hérétiques, la vie pour les cœurs, la voie pour les âmes pieuses.

Et d'abord, pour l'hérésie, il fut la vérité ; il en fut le plus doux et le plus ardent apôtre.

Il y eut une époque solennelle dans la vie de l'Eglise, lorsqu'au XVIe siècle un homme, jeté dans la solitude du cloître, sentit les luttes surgir entre sa foi et son orgueil. Lorsque Luther reçut la bulle du Souverain Pontife, marchant à pas précipités dans sa cellule, il tenait à la main ce parchemin qui venait de l'Eglise et de Jésus-Christ. Hésitant, saisissant cette parole écrite, il voulait la jeter aux flammes : la lutte fut longue, et l'orgueil fut vainqueur ; un bûcher fut allumé sur la place publique de Wittenberg, on y jeta la bulle de Léon X.

La parole dictée par l'Esprit-Saint n'a pas été renversée par la flamme du bûcher, par cette flamme qui passe encore parfois sur nos cités, causant au XIXe siècle les ravages du volcan allumé sur la place de Wittenberg.

Les peuples avaient été formés par l'Eglise ; les nations avaient grandi : elles avaient construit des monastères, des asiles et des cathédrales. L'Eglise avait été la mère nourricière des peuples. L'enfant rebelle ne voulut plus de Jésus-Christ comme pierre angulaire, et l'Europe fut divisée. Plutôt que de perdre sa doctrine sur les indulgences, sur la sainteté et l'indissolubilité du mariage, l'Eglise perd, en pleurant, l'Allemagne et l'Angleterre. Elle ne peut pas trahir sa fidélité à la vérité et à la justice : *Ego sum veritas;* aussi elle laisse les peuples qui l'abandonnent et reste dans l'isolement avec les âmes fidèles. Comme aûtrefois le divin Maître, dont elle est l'Épouse, elle adresse à ses enfants ce tendre reproche : « Et vous aussi voulez-vous me quitter? » Mais les peuples fidèles, les peuples catholiques, lui répondent, comme autrefois les apôtres à Jésus-Christ : « A qui irions-nous? car c'est vous qui avez les paroles de la vie éternelle. » Et une partie de l'Europe s'en alla, cherchant à se frayer une route dans le dédale du libre examen; et dans la Bible, ce vrai livre de vie, comme autrefois nos premiers parents, ces nations révoltées ont trouvé la mort. Voilà trois siècles que les peuples s'épuisent dans la lutte. Ah! sois bénie, heureuse ville d'Annecy, qui, tandis qu'on voyait à Genève un homme créé pour haïr, as vu dans tes murs un homme créé pour aimer! Alors que notre Genève était désertée et dans la désolation, les sœurs de Sainte-Claire, les prêtres, les fidèles, furent accueillis ici, dans cette cité du refuge, comme l'appelaient ces nobles exilés.

Lorsque l'évêque demanda un apôtre pour conquérir le Chablais, ce fut François de Sales, le jeune prévôt, qui s'avança pour remplir cette tâche. Vous connaissez le torrent de l'Arve qui arrose vos contrées entre le Faucigny et le Chablais; François y arrive, il se jette à genoux avec ses compagnons devant cette terre qui va fournir un si vaste champ à son zèle; il salue et invoque l'ange de la province, puis il part, fort de la grâce d'en haut. Arrivés sur les hauteurs que domine le château démantelé des Allinges, ils jettent un regard autour d'eux, sur les plaines et les collines; saint François pleure comme autrefois les Juifs sur les ruines de Jérusalem : « O Chablais, s'écrie-t-il! ô Genève, convertis-toi au Seigneur ton Dieu! » Pendant trois ans il ira chaque jour dans les montagnes, traversant les torrents sur une faible planche, pénétrant dans les forêts, s'enfonçant dans l'épaisseur des neiges; et, après trois ans de luttes et d'héroïsme incomparable, le voilà qui revient vainqueur, après avoir refusé les secours matériels du duc de Savoie. Quand il monta sur la cime des Allinges, il regarda les pièces de canon et dit : « Je n'ai pas besoin d'artillerie. » Soixante mille hérétiques vinrent se prendre dans les filets de ce pêcheur d'hommes. Lorsqu'il entra à Thonon, ce fut une bénédiction, un triomphe ; c'était bien le jeune David vainqueur de Goliath ; c'était la foule chantant victoire, le peuple entonnant l'*Hosanna*.

Lorsqu'il devint plus tard le pontife de l'Eglise qu'il a tant glorifiée, son âme s'attendrissait souvent sur les consciences perdues ; c'est au confessionnal placé à l'entrée de votre cathédrale que tant de chrétiens sont venus puiser les inspirations et la lumière. Dans sa douce église de la Visitation, quand il s'asseyait à la porte du jardin de la maison de la Galerie, quand il passait dans vos rues en groupant autour de lui les enfants, il avait une main levée pour bénir toujours, et un cœur ouvert à toutes les souffrances. Belle et sainte vie épiscopale ! Depuis trois siècles le monde jette un regard d'envie sur cette radieuse figure de l'Eglise d'Annecy, et lui demande la bonté, le dévouement, l'immolation, le sacrifice, toutes les grandes choses qui font la paix des cités.

L'homme a besoin de croire et d'aimer ; il n'est pas fait pour se courber toujours dans la poussière : il a besoin d'ascensions merveilleuses. Personne n'eut une main plus douce et plus ferme pour conduire les âmes vers la perfection ; et vous savez quelles âmes saint François a conduites. Conseiller des princes de Savoie, ami de Henri IV, la pourpre était à lui ; ami de saint Vincent de Paul, il conféra avec lui pour les grandes institutions de la charité. Il était la puissance publique alors.

Il est surtout une figure que vous ne me permettriez pas de laisser dans l'ombre, car il y a ici des magistrats pour en rappeler le souvenir : c'est celle du président Favre, cet homme qui eut dans le cœur toutes les tendresses de la piété d'un enfant ; ce magistrat qui a écrit le livre glorieux du *Code fabrien*, qui a tracé des lois inflexibles de la même main avec laquelle il traçait des pages pleines de suavité ! O saint François de Sales ! sous la puissance de cet ami, qui, je l'espère, est à vos côtés dans la cité du triomphe, bénissez les magistrats de cette cité ;

faites qu'ils comprennent le bonheur de défendre la veuve et l'orphelin, mais surtout cette veuve, l'Eglise, et l'hôte délaissé du tabernacle !

François était donc bien l'âme puissante, une source vive comme l'eau des fontaines publiques, où chacun venait s'abreuver, tous pleurant à ses pieds, se relevant consolés, et s'écriant comme les disciples sur le Thabor : « Qu'il fait bon ici ! »

Voilà la puissance publique, après la puissance intime. En quelques mots je parlerai de saint François de Sales dans sa puissance perpétuée.

Ici encore, M. F., permettez-moi de prendre une analogie dans Jésus-Christ. Dans sa vie, Jésus a perpétué trois choses : une institution qui est l'Eglise, un livre qui est l'Evangile, un corps qui demeure dans le tabernale. Saint François a établi une institution qui est l'Ordre de la Visitation, un livre qui est son *Introduction à la vie dévote*, et son corps est vénéré par tous les peuples. C'est un honneur des Saints de ne pas finir dans un tombeau que le fossoyeur recouvre d'un peu de terre et dont il n'est plus question. Ils y descendent un jour, mais il s'en échappe bientôt des flots de vie ; l'âme des Saints arrache la pierre du sépulcre et montre la résurrection dans une transfiguration anticipée.

Saint François de Sales, comme s'il abandonnait à saint Vincent de Paul le plan d'une institution destinée à secourir les pauvres, fit l'Ordre de la Visitation. Laissez-moi m'y arrêter un instant. L'homme, comme je vous l'ai dit tout à l'heure, ne vit pas seulement de pain. Tout n'est pas renfermé et limité dans l'industrie, dans les machines, dans les sciences. L'homme de notre siècle a de magnifiques conquêtes matérielles : pour lui la distance n'est plus qu'un mot que la vapeur emporte ; il jette sa pensée à travers le monde avec la vitesse de l'électricité. Mais, au delà du bruit des locomotives, au delà du retentissement des machines, il y a les harmonies de la Jérusalem céleste. Lorsque vous gravissez les cimes de vos Alpes, arrivant dans les régions supérieures, vous voyez en bas la fourmilière du monde et vous en entendez les bruits confus ; ceux qui sont à vos pieds sont dans l'obscurité des brouillards, tandis que vous planez dans la sérénité de la lumière. L'âme a besoin d'entendre les harmonies de l'éternité ; elle a besoin d'amour, de dévouement ; elle a besoin de commencer le ciel sur la terre.

Saint François de Sales le comprit, il ouvrit un asile aux âmes désireuses du ciel. La Providence lui accorda la coopération d'une grande âme. Née au centre de la Bourgogne, dans cette province qui fut la patrie de saint Bernard de Clairvaux et de Bossuet, sainte Jeanne-Françoise de Chantal apparut au monde. Le monde ne la connaît que par une légende défigurée : on raconte qu'elle a quitté d'un œil sec son vieux père, qu'elle a passé sur le corps de ses enfants sans douleur, pour s'enfermer dans le cloître. Mais non, ce n'est pas là cette grande femme, au cœur si tendre et à l'âme si élevée! Voyant tomber ses enfants et ses petits-enfants un à un, et les cercueils se multiplier autour d'elle, torturée dans son corps, broyée dans son âme, c'est bien la femme forte de l'Evangile. Saint François connut cette grande âme, et, cherchant sa vocation, il fonda l'Ordre de la Visitation, où la grâce cache sa force et sa douceur sous le voile de l'austérité. Quand saint François réunissait dans son affection la fille du président Favre et sainte de Chantal, il fallait que Genève fût représentée par une quatrième personne : ce fut l'humble petite tourière Anne-Jacqueline, qui ouvrait son âme aux visions de Dieu. Cet Ordre grandit bientôt; de votre cité il envoya des âmes d'élite, qui firent jaillir des monastères célèbres ; on y retrouve de ces noms qui appartiennent à votre ville, qui figurent encore dans votre vieille noblesse. Je ne connais rien de beau comme cette institution de saint François. Ce cloître! que d'âmes y ont trouvé la paix! combien sont venues chercher le repos dans ces prières qu'on trouve peut-être monotones, mais qui sont le chant de l'amour qui, disant toujours les mêmes choses, ne se répète pourtant jamais! Quand l'humble cloche se fait entendre, c'est comme un paratonnerre élevé dans votre cité pour la préserver de l'orage; il y a des âmes qui prient pour vous; il y a près de Jésus-Christ des âmes qui tiennent son calice de douleur. Pendant que le monde, une science athée, une littérature dégénérée, conspirent ensemble contre Jésus-Christ, ces pauvres femmes pleurent à ses pieds et prient pour le monde; comme d'autres Véronique, elles essuient sa figure ensanglantée, elles enlèvent les crachats jetés sur sa face divine par l'athéisme et l'incrédulité.

Saint François a laissé des livres ; il a fondé une Académie que vous avez voulu ressusciter, cette

Société Florimontane (*), dont le doux nom veut que votre littérature rappelle les fleurs et les fruits de vos montagnes.

Lorsque le poids de l'épiscopat accablait saint François de Sales, il ambitionnait de se retirer dans la cellule de saint Germain, dans cet ermitage qui domine les contours de votre gracieux lac. « Oh ! « disait-il, de grandes pensées y tomberont sur ma « tête, dru comme des flocons de neige. » Dans ce temps-là, il eut l'ambition d'écrire quelque chose de ce que son cœur ressentait. La littérature moderne s'en va fardée, cachant le vide du fond sous les exagérations brillantes de la forme. Saint François, lui, ne connaissait que les suaves paroles, de gracieuses images empruntées à vos montagnes, aux mille beautés de votre pays ; aussi, un écrivain a pu dire : « Toutes ses paroles peuvent être enca- « drées comme autant de perles resplendissantes. » De nos jours, la littérature est encore obligée de convenir que le langage pur du saint Evêque fait oublier les turpitudes et le style recherché des

(*) La Société Florimontane, fondée en 1606 par saint François de Sales et le président Favre, a été réorganisée en 1851. Elle a l'honneur de compter au nombre de ses membres l'éloquent prédicateur qui a prononcé ce panégyrique. — L. R.

écrits modernes. Comme on sent que l'âme de saint François vous parle dans ses écrits, où tout se réunit dans un ensemble harmonieux : la suavité de la forme et la profondeur des pensées ! Pie IX me disait à moi-même : « Je ne connais rien de beau, « rien de fort et d'attendrissant comme une pensée « de saint François ; c'est ma méditation et ma lec- « ture spirituelle de chaque jour. » — C'est donc bien là une troisième puissance, non moins grande que les deux premières.

Je veux vous parler encore de ses reliques. Vos rues regorgent de monde ; les paroisses des campagnes voisines vous envoient chaque jour leurs processions : tout à l'heure encore je voyais s'avancer les bannières de Veyrier, de Menthon. Vous venez vous presser dans les églises, dans cette enceinte, trop étroite pour votre zèle ; tous s'y donnent rendez-vous, les riches comme les pauvres, les hommes de science et les ignorants, les grands comme les petits ; tous arrivent dans votre cité pour venir révérer les restes de saint François.

L'année dernière, on voulut célébrer à Genève le 300e anniversaire de la mort d'un homme qui a su allumer le bûcher de Servet, mais qui n'a pas su allumer une flamme d'amour dans son cœur. On a vu que de cet anniversaire d'une mort et d'un tombeau rien n'a jailli ; les rues sont restées désertes : Genève n'a pas eu le courage d'avoir une fête. Quand je vois ici ce peuple calme comme vos montagnes, mais ardent aussi comme le soleil qui en réchauffe les cimes ; quand je vois ce peuple pur et capable de grandes choses, ces flots pressés, ces foules entassées, je vois aussi le thermomètre de votre foi ; je vois aussi dans cette manifestation l'expression de ce que vous êtes. La fibre de ce peuple est comme celle du baptistère de Reims : elle est trempée dans le sang de Jésus-Christ. Quand je parle de ce peuple, je trouve des sentiments qui m'émeuvent et que l'éloquence serait impuissante à rendre.

Les restes sacrés de saint François, vous les avez gardés toujours. Une plume instruite traçait, encore ces derniers jours, l'histoire de ces reliques sous la Terreur (*). Lorsque vos citoyens stipulaient dans un traité, en **1630**, « que le corps du vénérable François de Sales ne pourrait jamais être déplacé ni porté hors d'Annecy ; » lorsque ces hé-

(*) *Notice historique sur les précieuses Reliques de saint François de Sales*, par un Curé du diocèse d'Annecy.

roïques citoyens se dévouèrent pour le sauver pendant la tourmente révolutionnaire ; lorsqu'en **1826**, la châsse, portée en triomphe, parcourait vos rues (je suis heureux d'évoquer ces souvenirs), vous donniez un gage d'inviolable attachement à la religion de Jésus-Christ, une réponse à ceux qui disent que l'Eglise se meurt, qu'elle est à son déclin. Laissez-la toucher les peuples, et ils tressailliront. Ce qui se meurt, ce sont les temps modernes ; regardez : la vieille Europe est plongée dans les inquiétudes, l'Amérique s'agite, les institutions passent ; mais saint François de Sales est toujours là, enfant de l'Eglise, enfant de l'univers. Quand la société moderne est en lutte entre l'égoïsme de celui qui possède et l'égoïsme de celui qui veut posséder ; quand la foule est ameutée devant le veau d'or, pourquoi ne pas faire apparaître l'homme qui rend le Calvaire séduisant, le sacrifice doux à supporter ; cet homme qui cherchait ce qui rapproche et non ce qui divise, cet homme qui incarnait la vérité dans la charité ?

Saint François, permettez-moi de vous invoquer, au nom de cette foule, avec l'accent de la tendresse. Père du peuple et Ami des âmes, bénissez cette contrée où vous avez laissé les traditions de votre enseignement; bénissez cette cité, que vous aimiez à appeler *la cité du refuge;* bénissez ces pontifes : le pontife d'Annecy, dont la mansuétude et l'esprit de conciliation rappellent votre figure ; bénissez ce prélat si doux, si pieux et si bon, qui ne vous demande pas la clarté des yeux (*), mais qui vous demande d'irradier dans son âme la clarté de votre amour. Bénissez ce chapitre, dont vous étiez le prévôt ; bénissez ces paroisses, les monastères des Filles de Saint-Joseph et de Saint-Vincent de Paul ; bénissez les magistrats de cette cité, les administrateurs de ce département, qui comprennent la puissance d'un peuple catholique. Bénissez ces chrétiennes qui sentent que leur cœur doit être une page de l'*Introduction à la vie dévote.* Bénissez, ô mon Père!... On raconte que, quand votre corps fut rapporté de Lyon, il y avait au sein de la foule un petit sourd-muet qui poussait des gémissements, pleurant la mort d'un père. Eh bien! je suis ici au nom d'un sourd-muet, au nom d'une cité à laquelle vous parlez, et qui ne vous entend pas : ah! bénissez Genève! Bénissez la Savoie, la France, l'Eglise ; bénissez Pie IX ; bénissez-nous, et qu'il y

(*) Mgr de Ségur est aveugle.

ait un embrassement général des âmes qui doutent, de celles qui croient et de celles qui ne croient pas ; soyez pour elles une aurore blanchissante. Encore un cri : Bénissez Genève! Vous avez laissé tomber sur moi une partie de votre manteau : prêtez-moi un cœur et des lèvres comme les vôtres, pour que Genève, ressuscitée, vienne s'agenouiller aux pieds d'Annecy et montrer la puissance d'un Saint.

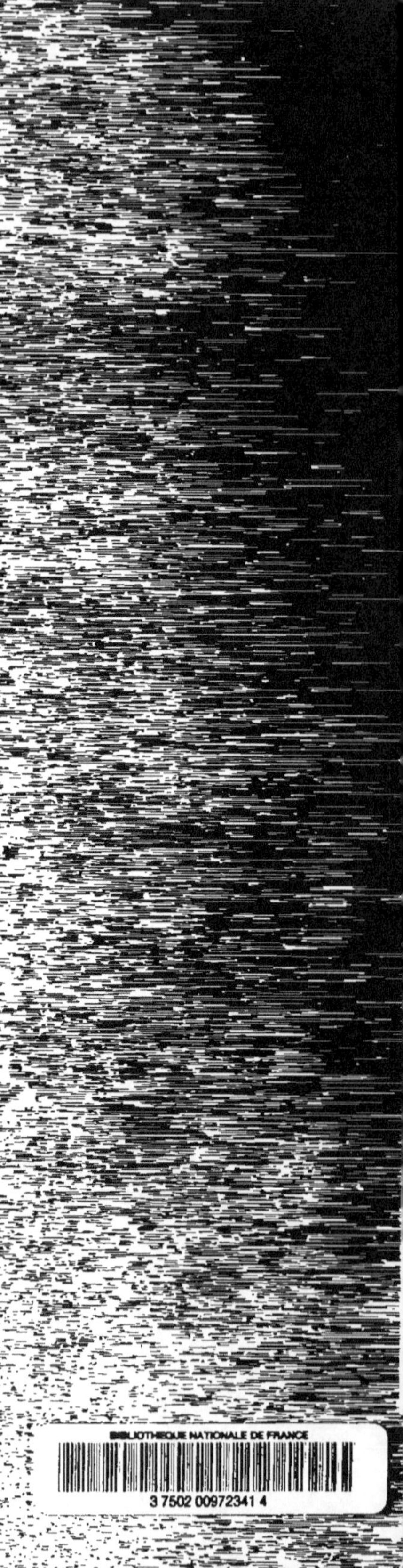

www.ingramcontent.com/pod-product-compliance
Lightning Source LLC
LaVergne TN
LVHW020242230826
846091LV00006B/2222